¿Qué hacen todos estos camiones?

Camiones grandes que llevan productos

Vemos camiones GRANDES todos los días.

MÁQUINAS GRANDES

¡CAMIONES GRANDES QUE LLEVAN PRODUCTOS!

De Alan Walker
Traducción de Pablo de la Vega

ÍNDICE

Camiones grandes que llevan productos 2
Glosario 22
Índice analítico 24

Un libro de El Semillero de Crabtree

CRABTREE
Publishing Company
www.crabtreebooks.com

Los camiones grandes llevan cosas.

WHOLE FOODS MARKET
Open Daily 8am–10pm
AUTOMATIC DOOR - STAND CLEAR
Seedless Watermelon
$3.99
Seedless Watermelon

Llevan comida a los supermercados.

Llevan maíz a los **molinos.**

Llevan automóviles a las concesionarias.

Ford
FordSto
Ford
Ford
AMB Praha

Llevan combustible a las gasolineras.

Llevan **madera** para la **obra**.

25
TEXAS
R25★4398

Llevan **ganado** a los mercados.

Piensa en otras cosas que los camiones grandes pueden llevar.

Glosario

ganado: El ganado son vacas, toros y cabestros criados para ser alimento.

madera: La madera es troncos que han sido cortados y preparados para la construcción.

molinos: Los molinos son lugares con máquinas que hacen harina y materiales como el papel o el acero.

obra: La obra es el lugar donde se construyen edificios o casas.

Apoyos de la escuela a los hogares para cuidadores y maestros

Este libro ayuda a los niños en su desarrollo al permitirles practicar la lectura. Abajo están algunas preguntas guía para ayudar al lector a fortalecer sus habilidades de comprensión. En rojo hay algunas opciones de respuesta.

Antes de leer:

- ¿De qué pienso que tratará este libro?
    - *Pienso que este libro es sobre camiones grandes.*
    - *Pienso que este libro es sobre lo que llevan los camiones.*
- ¿Qué quiero aprender sobre este tema?
    - *Quiero aprender más sobre los diferentes usos para los camiones.*
    - *Quiero aprender qué tan rápido se mueven los camiones.*

Durante la lectura:

- Me pregunto por qué...
    - *Me pregunto por qué los camiones son tan ruidosos.*
    - *Me pregunto por qué tienen tantas ruedas.*
- ¿Qué he aprendido hasta ahora?
    - *Aprendí que los camiones llevan combustible a las gasolineras.*
    - *Aprendí que llevan madera a la obra.*

Después de leer:

- ¿Qué detalles aprendí de este tema?
    - *Aprendí que los camiones transportan muchos tipos de cosas por los caminos.*
    - *Aprendí que llevan comida a los supermercados.*
- Lee el libro de nuevo y busca las palabras del vocabulario.
    - *Veo la palabra **molinos** en la página 11 y la palabra **madera** en la página 17. Las demás palabras del vocabulario están en la página 22.*

ÍNDICE ANALÍTICO

automóviles: 12
combustible: 15
comida: 9
ganado: 19
madera: 17
molinos: 11

CRABTREE Publishing Company

Written by: Alan Walker
Translation to Spanish: Pablo de la Vega
Spanish-language layout and proofread: Base Tres
Print and production coordinator: Katherine Berti

Photo credits:
istock.com, Shutterstock.com, Cover; tibu, Pg2/3; vitpho, Pg4/5; Rasica, Pg6/7; tibu, Pg8; ablokhin, Pg 8/9; CynthiaAnnF, Pg10/11; ozgurcoskun, Pg13; josefkubes, Pg12/13; Vitpho, Pg14/15; abadonian, Pg15; firina, Pg16/17; vitpho Pg17; Luckie8, Pg18/19; Philip Arno, Pg19; warat42, Pg21; India Picture/ Pg24; istock.com/ Vitpho. Credit to www.shutterstock.com and www.istock.com.

Library and Archives Canada Cataloguing in Publication
Title: ¡Camiones grandes que llevan productos! / de Alan Walker ; traducción de Pablo de la Vega.
Other titles: Big trucks bring goods! Spanish
Names: Walker, Alan, 1963- author. | Vega, Pablo de la, translator.
Description: Series statement: Máquinas grandes | Translation of: Big trucks bring goods! | Includes index. | "Un libro de el semillero de Crabtree". | Text in Spanish.
Identifiers: Canadiana (print) 20210234652 |
Canadiana (ebook) 20210234660 |
ISBN 9781039617988 (hardcover) |
ISBN 9781039618022 (softcover) |
ISBN 9781039618060 (HTML) |
ISBN 9781039618107 (EPUB) |
ISBN 9781039618145 (read-along ebook)
Subjects: LCSH: Trucks—Juvenile literature.
Classification: LCC TL230.15 .W3518 2022 | DDC j629.224—dc23

Library of Congress Cataloging-in-Publication Data
Names: Walker, Alan, 1963- author. | Vega, Pablo de la, translator.
Title: ¡Camiones grandes que llevan productos! / de Alan Walker ; traducción de Pablo de la Vega.
Other titles: Big trucks bring goods! Spanish
Description: New York, NY : Crabtree Publishing, 2022. | Series: Máquinas grandes : un libro de El semillero de Crabtree | Translation of: Big trucks bring goods!
Identifiers: LCCN 2021026070 (print) |
LCCN 2021026071 (ebook) |
ISBN 9781039617988 (hardcover) |
ISBN 9781039618022 (paperback) |
ISBN 9781039618060 (ebook) |
ISBN 9781039618107 (epub) |
ISBN 9781039618145
Subjects: LCSH: Tractor trailer combinations--Juvenile literature.
Classification: LCC TL230.15 .W3518 2022 (print) | LCC TL230.15 (ebook) | DDC 629.224--dc23

Crabtree Publishing Company
www.crabtreebooks.com 1-800-387-7650

Print book version produced jointly with Blue Door Education 2022

Published in the United States
Crabtree Publishing
347 Fifth Avenue, Suite 1402-145
New York, NY, 10016

Published in Canada
Crabtree Publishing
616 Welland Ave.
St. Catharines, Ontario L2M 5V6

Printed in the U.S.A./092021/CG20210616